Il mio libro illustrato bilingue
Моя двуязычная книжка с картинками

Le più belle storie per bambini di Sefa in un unico volume

Ulrich Renz • Barbara Brinkmann:

Dormi bene, piccolo lupo · Приятных снов, маленький волчонок

Per bambini dai 2 anni in su

Cornelia Haas • Ulrich Renz:

Il mio più bel sogno · Мой самый прекрасный сон

Per bambini dai 2 anni in su

Ulrich Renz • Marc Robitzky:

I cigni selvatici · Дикие лебеди

Tratto da una fiaba di Hans Christian Andersen

Per bambini dai 5 anni in su

© 2024 by Sefa Verlag Kirsten Bödeker, Lübeck, Germany. www.sefa-verlag.de

Special thanks to Paul Bödeker, Freiburg, Germany

All rights reserved.

ISBN: 9783756305032

Leggere · ascoltare · capire

Dormi bene, piccolo lupo

Приятных снов, маленький волчонок

Ulrich Renz / Barbara Brinkmann

italiano — bilingue — russo

Traduzione:

Margherita Haase (italiano)

Svetlana Hordiyenko (russo)

Audiolibro e video:

www.sefa-bilingual.com/bonus

Accesso gratuito con la password:

`italiano:` **`LWIT1829`**

`russo:` **`LWRU2730`**

Buona notte, Tim! Domani continuiamo a cercare.
Adesso però dormi bene!

Спокойной ночи, Тим! Мы поищем завтра.
А сейчас приятных снов!

Fuori è già buio.

На улице уже темно.

Ma cosa fa Tim?

Что Тим там делает?

Va al parco giochi.

Che cosa sta cercando?

Он идёт на улицу к игровой площадке.

Что он там ищет?

Il piccolo lupo.

Senza di lui non riesce a dormire.

Маленького волчонка!

Без него он не может уснуть.

Ma chi sta arrivando?

Кто там идёт?

Marie! Lei sta cercando la sua palla.

Мария! Она ищет свой мяч.

E Tobi cosa cerca?

А что ищет Тоби?

La sua ruspa.

Свой экскаватор.

E cosa cerca Nala?

А что ищет Нала?

La sua bambola.

Свою куклу.

Ma i bambini non devono andare a letto?
Il gatto si meraviglia.

Не пора́ ли детям в постель?
Очень удивилась кошка.

E adesso chi sta arrivando?

А кто это идёт?

La mamma e il papà di Tim.

Senza il loro Tim non riescono a dormire.

Мама и папа Тима!

Без Тима они не могут уснуть.

Ed ecco che arrivano anche altri!
Il papà di Marie. Il nonno di Tobi. E la mamma di Nala.

Вот ещё подходят! Папа Марии.
Дедушка Тоби. И мама Налы.

Ma adesso svelti a letto!

А сейчас быстро в постель!

Buona notte, Tim!
Domani non dobbiamo più cercare.

Спокойной ночи, Тим!
Утром нам не надо ничего искать.

Dormi bene, piccolo lupo!

Приятных снов, маленький волчонок!

Cornelia Haas • Ulrich Renz

Il mio più bel sogno

Мой самый прекрасный сон

Traduzione:

Clara Galeati (italiano)

Oleg Deev, Valeria Baden (russo)

Audiolibro e video:

www.sefa-bilingual.com/bonus

Accesso gratuito con la password:

italiano: `BDIT1829`

russo: `BDRU2730`

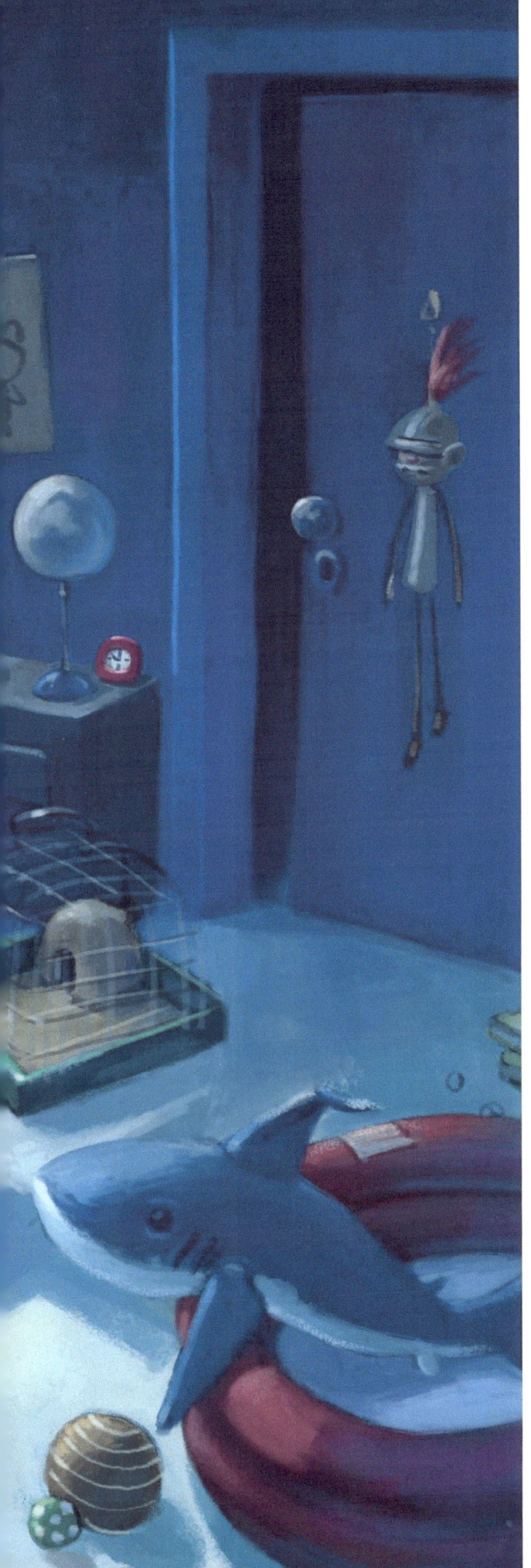

Lulù non riesce ad addormentarsi. Tutti gli altri stanno già sognando – lo squalo, l'elefante, il topolino, il drago, il canguro, il cavaliere, la scimmia, il pilota. E il leoncino. Anche all'orso stanno crollando gli occhi …

Ehi orso, mi porti con te nel tuo sogno?

Лулу не спится. Все остальные уже видят сны – акула, слон, маленькая мышка, дракон, кенгуру, рыцарь, обезьяна, пилот. И львёнок. Даже у медвежонка закрываются глаза …

Эй, Мишка, возьмёшь меня в свой сон?

E così Lulù è già nel paese dei sogni degli orsi. L'orso cattura pesci nel lago Tagayumi. E Lulù si chiede chi potrebbe mai vivere là su quegli alberi? Quando il sogno è finito, Lulù vuole provare qualcos'altro. Vieni, andiamo a trovare lo squalo! Che cosa starà sognando?

И вот Лулу в стране сновидений медведя. Мишка ловит рыбу в озере Тагаюми. И Лулу спрашивает себя, кто бы мог жить сверху на деревьях?

Сон закончился, но Лулу хочет больше приключений. Давай навестим акулу! Что ей снится?

Lo squalo sta giocando ad acchiapparella con i pesci. Finalmente ha degli amici! Nessuno ha paura dei suoi denti aguzzi.
Quando il sogno è finito, Lulù vuole provare qualcos'altro. Venite, andiamo a trovare l'elefante! Che cosa starà sognando?

Акула играет в салки с рыбами. Наконец-то у неё есть друзья! Никто не боится её острых зубов.

Сон закончился, но Лулу хочет больше приключений. Давай навестим слона! Что ему снится?

L'elefante è leggero come una piuma e può volare! Sta per atterrare sul prato celeste.

Quando il sogno è finito, Lulù vuole provare qualcos'altro. Venite, andiamo a trovare il topolino! Che cosa starà sognando?

Слон – лёгкий, как пёрышко, и может летать! Вот он приземляется на небесную лужайку.

Сон закончился, но Лулу хочет больше приключений. Давай навестим маленькую мышку! Что ей снится?

Il topolino sta guardando la fiera. Gli piacciono particolarmente le montagne russe.
Quando il sogno è finito, Lulù vuole provare qualcos'altro. Venite, andiamo a trovare il drago! Che cosa starà sognando?

Маленькая мышка наблюдает за ярмаркой. Больше всего ей нравятся американские горки.

Сон закончился, но Лулу хочет больше приключений. Давай навестим дракона! Что ему снится?

Il drago, a furia di sputare fuoco, ha sete. Gli piacerebbe bersi l'intero lago di limonata.

Quando il sogno è finito, Lulù vuole provare qualcos'altro. Venite, andiamo a trovare il canguro! Che cosa starà sognando?

Дракон долго плевался огнём, и теперь очень хочет пить. Он готов выпить целое озеро лимонада.

Сон закончился, но Лулу хочет больше приключений. Давай навестим кенгуру! Что ему снится?

Il canguro sta saltando nella fabbrica di dolciumi e si riempe il marsupio.
Ancora caramelle blu! E ancora lecca-lecca! E cioccolata!
Quando il sogno è finito, Lulù vuole provare qualcos'altro. Venite, andiamo a trovare il cavaliere! Che cosa starà sognando?

Кенгуру прыгает по кондитерской фабрике и набивает себе полную сумку. Ещё больше синих сладостей! И ещё леденцов! И шоколада! Сон закончился, но Лулу хочет больше приключений. Давай навестим рыцаря! Что ему снится?

Il cavaliere sta facendo una battaglia di torte con la principessa dei suoi sogni. Oh! La torta alla panna va nella direzione sbagliata!

Quando il sogno è finito, Lulù vuole provare qualcos'altro. Venite, andiamo a trovare la scimmia! Che cosa starà sognando?

Рыцарь устраивает метание торта друг в друга с принцессой своей мечты. Ой! Сливочный торт пролетает мимо!

Сон закончился, но Лулу хочет больше приключений. Давай навестим обезьяну! Что ей снится?

Finalmente ha nevicato in Scimmialandia! L'intera combriccola di scimmie non sta più nella pelle e si comportano tutte come in una gabbia di matti. Quando il sogno è finito, Lulù vuole provare qualcos'altro. Venite, andiamo a trovare il pilota! In che sogno potrebbe essere atterrato?

Наконец-то в стране обезьян пошёл снег! Вся обезьянья орава была вне себя и устроила балаган.

Сон закончился, но Лулу хочет больше приключений. Давай навестим пилота! В каком сне он находится?

Il pilota vola e vola ancora. Fino ai confini della terra e ancora più lontano, fino alle stelle. Non ce l'ha fatta nessun altro pilota.
Quando il sogno è finito, sono già tutti molto stanchi e non vogliono più continuare a provare così tanto. Però il leoncino, vogliono ancora andare a trovarlo. Che cosa starà sognando?

Пилот летит и летит. До края земли и ещё дальше к звёздам. Это не удавалось ни одному другому пилоту.

Когда сон закончился, все уже очень устали и больше не хотят ничего. Но львёнка захотели они всё же навестить. Что ему снится?

Il leoncino ha nostalgia di casa e vuole tornare nel caldo, accogliente letto.
E gli altri pure.

E là inizia ...

Львёнок тоскует по дому и хочет обратно в свою тёплую и уютную постель.
И остальные тоже.

И тогда начинается ...

... il più bel sogno
di Lulù.

... самый прекрасный сон
Лулу.

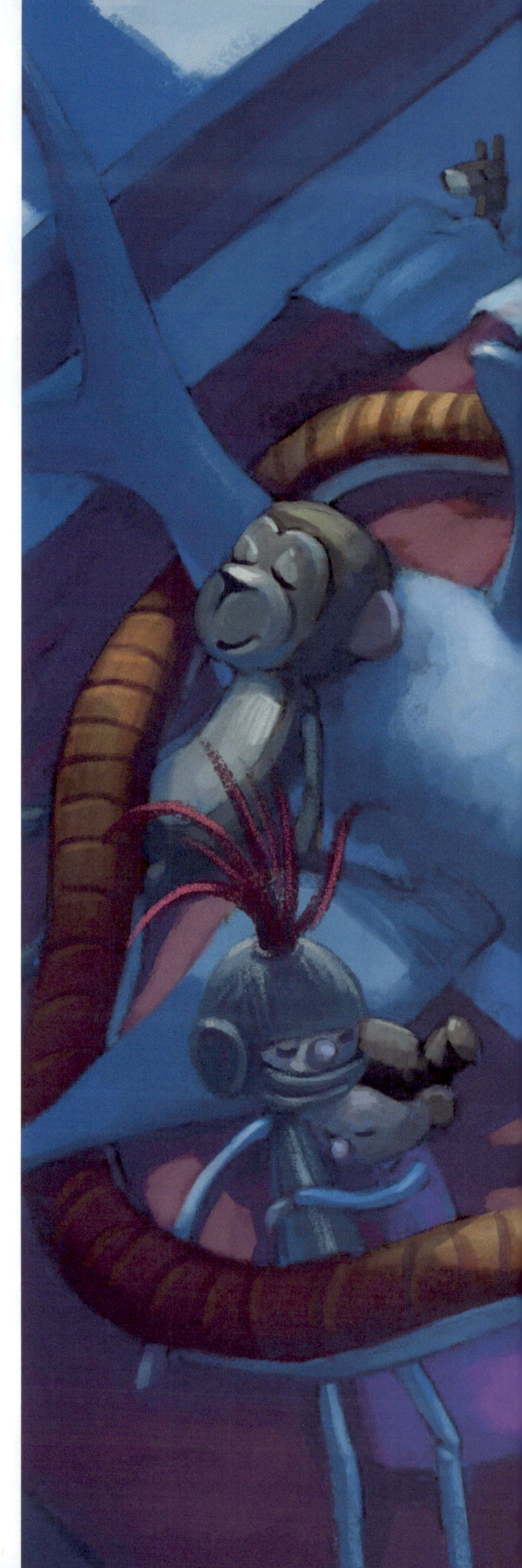

Ulrich Renz • Marc Robitzky

I cigni selvatici

Дикие лебеди

Traduzione:

Emanuele Cattani, Clara Galeati (italiano)

Oleg Deev (russo)

Audiolibro e video:

www.sefa-bilingual.com/bonus

Accesso gratuito con la password:

italiano: `WSIT1829`

russo: `WSRU2730`

Ulrich Renz · Marc Robitzky

I cigni selvatici

Дикие лебеди

Tratto da una fiaba di

Hans Christian Andersen

italiano   bilingue   russo

C'erano una volta dodici figli di un re – undici fratelli ed una sorella più grande, Elisa. Vivevano felici in un bellissimo castello.

Жили-были двенадцать детей короля: одиннадцать братьев и старшая сестра, Элиза. Они жили счастливо в прекрасном замке.

Un giorno la madre morì, e poco tempo dopo il re si risposò. La nuova moglie però era una strega cattiva. Con un incantesimo, trasformò gli undici principi in cigni e li mandò molto lontano, in un Paese al di là della grande foresta.

Однажды их мать умерла, и через некоторое время король женился снова. Но новая жена была злой ведьмой. Она заколдовала одиннадцать принцев в лебедей и отправила их в далекую страну, за широкие леса.

Vestì la ragazza di stracci e le spalmò sul volto un orribile unguento, tanto che nemmeno il padre riuscì più a riconoscerla e la cacciò dal castello. Elisa corse nella foresta tenebrosa.

А Элизу она одела в лохмотья и втёрла ей в лицо отвратительную мазь, так что даже собственный отец не узнал её и прогнал из замка. Элиза ушла в тёмный лес.

Ora era completamente sola, e desiderava con tutto il cuore rivedere i suoi fratelli scomparsi. Quando venne la sera, si fece un letto di muschio sotto un albero.

Теперь она была совсем одинока, и всей душой тосковала по пропавшим братьям. Когда пришёл вечер, она приготовила себе постель из мха под деревьями.

La mattina dopo giunse ad un lago calmo, e rimase sconcertata nel vedere il proprio riflesso nell'acqua. Ma appena si pulì, divenne la più bella principessa sulla faccia della terra.

На следующее утро она подошла к тихому озеру. Увидев своё отражение, она ужаснулась. Но когда она искупалась, стала самой красивой принцессой на свете.

Molti giorni dopo, Elisa raggiunse il grande mare. Tra le onde, oscillavano undici piume di cigno.

Через много дней она пришла к большому морю. На волнах качались одиннадцать лебединых перьев.

Quando il sole tramontò, ci fu un fruscio nell'aria, e undici cigni si posarono sull'acqua. Elisa riconobbe immediatamente i propri fratelli stregati. Ma dato che parlavano la lingua dei cigni, lei non li poté capire.

Когда солнце садилось, в воздухе поднялся шум, и одиннадцать диких лебедей сели на воду. Элиза сразу узнала своих заколдованных братьев. Но так как они говорили на лебедином языке, Элиза не могла понять их.

Durante il giorno i cigni volavano via, e la notte si accoccolavano tutti assieme alla sorella in una grotta.

Una notte, Elisa fece uno strano sogno. Sua madre le disse come avrebbe potuto liberare i suoi fratelli. Avrebbe dovuto tessere delle camicie di ortiche per ognuno di loro e poi lanciargliele. Fino a quel momento però, non le era concesso dire una sola parola, altrimenti i suoi fratelli sarebbero morti. Elisa si mise immediatamente al lavoro. Sebbene le mani le bruciassero, continuò a tessere senza stancarsi.

Днём лебеди улетали, а ночевали вместе с Элизой в пещере, прильнув друг к другу.

Однажды ночью Элиза увидела удивительный сон: их мать рассказала ей, как она может спасти братьев. Она должна для каждого лебедя связать рубашку из крапивы и накинуть её на него. Но до того она должна не говорить ни слова, иначе её братья умрут.
Элиза тут же принялась за работу. Хотя её руки горели, как обожженные, она вязала без устали.

Un giorno, si sentirono corni da caccia in lontananza. Un principe venne cavalcando con il suo seguito e presto le fu di fronte. Non appena i due si guardarono negli occhi, si innamorarono.

Однажды вдали послышались звуки охотничих рогов. Подскакали принц со свитой и остановились перед ней. Когда принц и Эльза посмотрели в глаза друг другу, то сразу влюбились.

Il principe fece salire Elisa sul cavallo e la condusse al proprio castello.

Принц поднял Элизу на своего коня и поскакал с ней в замок.

Il potente tesoriere fu tutto fuorché felice dell'arrivo della principessa muta. La propria figlia sarebbe dovuta diventare la sposa del principe.

Могущественный казначей был совсем не обрадован появлением немой красавицы. Невестой принца должна была стать его собственная дочь.

Elisa non si era dimenticata dei suoi fratelli. Ogni sera continuava il suo lavoro sulle camicie. Una notte uscì per andare al cimitero a cogliere delle ortiche fresche. Il tesoriere la osservò di nascosto.

Элиза не забыла своих братьев. Каждый вечер она работала над рубашками. Однажды ночью она пошла на кладбище набрать крапивы. Казначей тайно наблюдал за ней.

Non appena il principe partì per una battuta di caccia, il tesoriere gettò Elisa nelle segrete. Affermò che fosse una strega che si incontrava con altre streghe durante la notte.

Пока принц был на охоте, казначей бросил Элизу в темницу. Он заявил, что она ведьма, которая ночами встречается с другими ведьмами.

All'alba, Elisa venne presa da delle guardie, per venir poi bruciata nella piazza del mercato.

На рассвете стража схватила Элизу. Её должны были сжечь на рыночной площади.

Non appena fu lì, arrivarono undici cigni bianchi volando. Elisa lanciò rapidamente una camicia a ciascuno di loro. Poco dopo, tutti i suoi fratelli si trovarono dinanzi a lei con sembianze umane. Solo il più piccolo, la cui camicia non era stata del tutto completata, mantenne un'ala al posto di un braccio.

Едва она там оказалась, как вдруг прилетели одиннадцать белых лебедей. Элиза быстро набросила на каждого рубашку из крапивы, и все её братья предстали в человеческом обличье. Только у младшего, чья рубашка была не до конца готова, вместо одной руки было крыло.

I fratelli si stavano ancora baciando e abbracciando quando arrivò il principe. Finalmente Elisa gli poté spiegare tutto. Il principe fece rinchiudere il tesoriere malvagio nelle segrete. Dopodiché, si celebrò il matrimonio per sette giorni.

E vissero tutti felici e contenti.

Братья и сестра ещё обнимались и целовались, когда вернулся принц. Наконец Элиза смогла всё объяснить. Принц бросил злого казначея в темницу. И потом семь дней праздновали свадьбу.

И жили они долго и счастливо.

Hans Christian Andersen

Hans Christian Andersen nacque nella città danese di Odense nel 1805 e morì nel 1875 a Copenaghen. Divenne famoso in tutto il mondo con le sue fiabe letterarie come „La Sirenetta", „I vestiti nuovi dell'imperatore" e „Il brutto anatroccolo". Il racconto in questione, „I cigni selvatici", fu pubblicato per la prima volta nel 1838. È stato tradotto in più di cento lingue e adattato a una vasta gamma di media, tra cui il teatro, il cinema e il musical.

Barbara Brinkmann è nata a Monaco di Baviera (Germania) nel 1969. Ha studiato architettura a Monaco e attualmente lavora alla facoltà di architettura dell'Università Tecnica di Monaco. Lavora anche come grafica, illustratrice e autrice.

Cornelia Haas è nata nel 1972 vicino ad Augusta (Germania). Ha studiato design all'Università di Scienze Applicate di Münster e si è laureata in design. Dal 2001 illustra libri per bambini e ragazzi e dal 2013 insegna pittura acrilica e digitale all'Università di Scienze Applicate di Münster.

Marc Robitzky, nato nel 1973, ha studiato alla Scuola Tecnica d'Arte di Amburgo e all'Accademia di Arti Visive di Francoforte. Lavora come illustratore freelance e designer della comunicazione ad Aschaffenburg (Germania).

Ulrich Renz è nato a Stoccarda nel 1960. Dopo aver studiato letteratura francese a Parigi, ha completato gli studi di medicina a Lubecca e ha lavorato come direttore in una casa editrice scientifica. Oggi Renz è un autore indipendente e scrive libri per bambini e ragazzi oltre a libri di saggistica.

Ti piace disegnare?

Qui puoi trovare tutte le immagini della storia da colorare:

www.sefa-bilingual.com/coloring

www.ingramcontent.com/pod-product-compliance
Lightning Source LLC
LaVergne TN
LVHW070440080526
838202LV00035B/2684